# Dievenschool

Dirk Nielandt
Met tekeningen van Helen van Vliet

# LEESN!VEAU

| | | ME | ME | ME | ME | ME | |
|---|---|---|---|---|---|---|---|
| AVI | S | 3 | 4 | 5 | 6 | 7 | P |
| CLIB | S | 3 | 4 | 5 | 6 | 7 | 8 | P |

geheimen, school

Toegekend door Cito i.s.m. KPC Groep

avi 5

1e druk 2007
ISBN 978.90.276.7428.9
NUR 282

© 2007 Tekst: Dirk Nielandt
© 2007 Illustraties: Helen van Vliet
Uitgeverij Zwijsen B.V., Tilburg
Vormgeving: Rob Galema

Voor België:
Zwijsen-Infoboek, Meerhout
D/2007/1919/291

# Inhoud

## Het beroep van pap

Rolf is op het eerste gezicht een gewone jongen van acht.
Hij heeft geen broers of zussen.
Hij heeft zwart haar en draagt een bril.
Hij loopt rond in heel gewone kleren.
Hij is goed in sport en taal, en kan goed rekenen.
Maar hij is nergens echt héél goed in.
Rolf valt totaal niet op tussen andere mensen.
Hoewel … misschien is er wel iets.
Hij kan goed stelen.
Je hoort het goed: stelen, jatten, gappen.
Maar dat zit dan ook in Rolfs bloed.
Zijn papa is een dief, zijn opa was dat ook.

'Het is een mooi vak,' zegt Rolfs papa.
'Maar stelen mag toch niet,' zegt Rolf.
'Er mag zoveel niet,' zucht pap.
Dat vindt Rolf geen reden om het goed te praten.
'Het is gewoon een leuk vak,' beweert pap.
'Het is leuk om 's nachts door een huis te sluipen.
Om elk moment betrapt te kunnen worden.
Het is veel leuker dan een gewone baan.'

9

'Maar je maakt er andere mensen triest mee,'
zegt Rolf.
Zijn vader zucht.
'Je moet je wel aan de regels houden,' zegt hij.
'De regels waar een goede dief zich aan houdt:

1. Steel alleen 's nachts als de mensen slapen.
2. Steel alleen van mensen die rijk zijn.
3. Maak nooit een kind of een zwak mens bang.
4. Gebruik nooit wapens.
5. Laat het huis altijd netjes achter.'

Rolf kent die regels wel, maar heeft toch zijn
twijfels bij het vak.
'Luister eens, jongen,' zegt pap.
'Wij zijn dieven.
Stelen doen wij al eeuwen.
Wij geven het vak van vader op zoon door.
Jij wordt later een dief, net als ik.
En een goeie ook.'
Daarmee is voor Rolfs papa de kous af.

De volgende dag start op school een nieuw project:
het beroep van je mam of pap.
'Er zijn veel beroepen,' zegt de juf.
'Ooit kiezen jullie er ook een.

Daarom gaan we leren welke beroepen er zoal zijn.
Ik wil graag dat jullie papa's en mama's over hun
beroep komen praten.'
Rolf slikt.
'Hier in de klas?' vraagt hij.
De juf knikt.
'Moet dat?' vraagt hij.
De juf knikt weer: 'Van ieder kind komt één ouder
praten over zijn of haar vak.'
O help, denkt Rolf.
Zijn pap kan toch niet over stelen komen praten?
Dat moet geheim blijven.

's Avonds legt hij het probleem thuis uit.
'Kun jij niet over je werk komen praten, mam?'
'Maar ik ben een huisvrouw,' zegt mama.
'Dat is toch ook een vak?'
'Ja,' zegt mama, 'maar niet het vak waar je juf iets
over wil horen.'
'Ik kom wel,' zegt papa.
'Maar pap ...' sputtert Rolf tegen.
'Vertrouw me nu maar,' zegt papa.
En daarmee is voor Rolfs vader de kous af.

De hele week komen er ouders over hun beroep
praten.

De een is dokter, de ander kok.
Er komt een bakker, een schrijver en een agent.
Alle ouders krijgen een halfuur de tijd.
Rolf wist niet dat er zoveel beroepen zijn.

Maar dan is papa aan de beurt.
Rolf maakt zich zorgen.
Straks weet iedereen dat zijn vader steelt.
Wat zullen zijn vrienden zeggen?
Willen ze zijn vriend nog zijn?
'En dan geef ik nu het woord aan Rolfs vader,'
zegt de juf.
Rolfs papa gaat voor de klas staan.
'Mijn beroep is …'
O nee, nu komt het, denkt Rolf bang.
'… geheim agent,' zegt zijn vader.
Rolf weet niet wat hij hoort.
De hele klas kijkt hem jaloers aan.
Zijn vader vertelt vol vuur over het vak.
Hij zegt dat hij in het geheim op dieven jaagt.
Soms moet hij zelf als dief op pad om ze te vangen.
Het halfuur van zijn vader gaat snel voorbij.
Er volgt een luid applaus.
Rolf is de held van de dag.
Iedereen is jaloers op hem.
Iedereen wil een vader met zo'n spannend beroep.

'Je hebt staan liegen, pap,' zegt Rolf thuis.
'Vond je het een leuk verhaal of niet?'
Papa kijkt Rolf vragend aan.
'Ja, heel leuk, maar …'
'Niks te maren dan,' zegt papa.
'Een dief moet goed kunnen liegen.
Dat hoort bij ons vak.'
Daarmee is voor zijn vader de kous weer af.
Maar niet voor Rolf.
'Ik vond het niet alleen een leuk verhaal, pap,'
zegt hij.
'Ik weet nu wat ik later wil worden: geheim agent.'
Zijn papa verslikt zich van schrik in zijn eten.
Zijn mama stoot van de schok haar glas om.
'Ag... agent?
Dat … dat meen je toch niet,' stamelt papa.
'Toch wel, ik word later geheim agent!'
Daarmee is voor Rolf de kous af.
Maar niet voor zijn papa.

's Avonds hebben zijn mama en papa een lang
gesprek.
'Onze zoon gaat het verkeerde pad op,' zucht papa.
'Straks wordt hij nog een goed mens.
Iemand die dieven vangt en de wet volgt.
Dat zou een ramp zijn.

14

Er zit maar één ding op:
ik stuur hem naar de dievenschool.'
Mama schrikt.
Ze kent die school heel goed.
Het is een school waar je leert stelen en liegen.
Maar het leven is er geen pretje.
Het gaat er heel hard aan toe.
'Ik smeek je,' zucht ze, 'doe dat niet!
Die school is niets voor Rolf.
Hij zal er niet kunnen wennen.'
'We hebben geen keus,' zegt papa streng.
'We moeten hard zijn.
Het is voor zijn eigen bestwil.
Ga zijn tas maar vast inpakken!
Ik bel de school meteen.'

Rolfs mama pakt de tas van haar zoon in.
Ze huilt dikke tranen.
Rolf weet nog van niets.
Hij slaapt lekker.
En hij weet nog niet wat hem te wachten staat ...

## De nieuwe school

Nog voor de zon op is, maakt papa Rolf
wakker.
'Naar een nieuwe school?' vraagt Rolf verbaasd.
'Je tas is al gepakt,' knikt papa.
'We vertrekken nu.
Dan halen we de trein van vier uur nog.'
Rolf kan het niet geloven.
'Maar pap, het is midden in de nacht.'
'Het is ook een lange reis,' zegt papa.
Rolf snapt er niets van.
'Wat voor school is dat dan?' vraagt hij.
'Dat vertel ik je wel in de trein.
Kleed je nu eerst maar aan.
We moeten gaan.
Schiet op!'

Een halfuur later zitten ze in de trein.
Het afscheid van mama was kort.
Een snelle knuffel en klaar.
Volgens Rolf had ze gehuild.
Hij vindt het heel raar.
'Waarom moet ik naar een andere school?'
Zijn papa haalt diep adem.

'Je gaat naar de dievenschool,' zegt hij.
'Je leert er alles over het vak.
Het is de beste school voor dieven die er bestaat.'
'Maar ik wil niet voor dief leren.
Ik wil op mijn oude school blijven.'
'Daar is geen sprake van,' zegt papa streng.
'Je komt weer thuis als je een goede dief bent.'
'Maar pap …' sputtert Rolf tegen.
Maar voor zijn vader is de kous af.
Hij wil er niet meer over praten.
Ze rijden in stilte verder.

Rolf kijkt uit het raam.
Het wordt al licht.
De trein rijdt door de heuvels.
De regen kletst tegen het raam.
Het ziet er maar somber uit buiten.
Er groeien geen planten of bomen.
Er zijn alleen rotsen te zien.
Het lijkt wel of al het groen gestolen is.
In de verte ziet Rolf een kasteel.
Het ziet er oud en lelijk uit.
Het lijkt op een gebouw uit een enge film.
'Dat is je nieuwe school,' zegt pap.
'Steelburg, zo heet het daar.'
Rolf kijkt pap vragend aan.

18

'Alles op die school draait om liegen en stelen.'
Rolfs maag gromt.
'Hebben we iets te eten bij ons?' vraagt hij.
'Nee,' zegt pap.
'Dan hoop ik dat ik op tijd op school ben voor
het ontbijt.'
'Ontbijt?' grijnst pap.
'Dat zul je daar zelf moeten stelen.
Zo gaat dat op de dievenschool.
Je moet er alles stelen, anders heb je niks.'
Rolf kan wel huilen.

Papa zet hem voor de poort af.
'Veel moed, jongen,' zegt hij.
'Je zult het nodig hebben!'
Papa geeft hem nog een knuffel en een zoen.
Dan draait hij zich om en vertrekt.
Hij kijkt niet meer om.
Rolf blijft alleen achter.
Hij gruwt van het kasteel.
Het is een oud en somber gebouw.
Hij wil maken dat hij wegkomt.
Maar de grote poort piept al open.
Er komt een man met een snor naar buiten.
'Aha, jij bent de nieuwe,' grijnst hij sluw.
'Blijf niet in de kou staan, jongen.

Kom toch binnen.
Ik draag je tas wel.'
De man pakt Rolfs tas en rent ermee naar binnen.
'Hé, kom terug …!' roept Rolf.
Maar het is al te laat.
Die vent is er met zijn tas vandoor.


Rolf stapt door de poort naar binnen.
Hij komt op een groot plein.
'Pst!' hoort hij iemand roepen.
Hij kijkt rond, maar ziet niemand.
'Pst!' hoort hij weer.
Dan ziet hij achter een zuil een meisje staan.
Ze ziet er lief uit en wenkt hem.
'Ben jij de nieuwe?' fluistert ze.
Rolf knikt.
'Ik zal je één goede raad geven: vertrouw niemand!'
Dan rent ze weg.
'Wacht,' roept Rolf.
'Hoe heet je?'
Maar ze is al weg.
Wat een nare plek, denkt Rolf.
Ik blijf hier geen minuut langer.
Hij wil vluchten, maar de poort is dicht.
Hoe hard hij ook duwt, de poort gaat niet open.

20

'Dat lukt niet, hoor.'
Rolf schrikt en draait zich om.
Daar staat een jongen van zijn leeftijd.
'Je komt hier niet weg,' zegt hij.
'Pas als je een goede dief bent, mag je naar huis.'
Rolf vertrouwt het niet.
'Hoe weet ik of ik je kan geloven?'
De jongen lacht en steekt zijn hand uit.
'Ik ben Arthur,' zegt hij.
'Leuk kennis met je te maken.'
Rolf besluit het erop te wagen en hem te
vertrouwen.

Arthur nodigt hem uit op zijn kamer.
De deur zit met wel tien sloten op slot.
'Kom binnen,' lacht Arthur.
Er staan twee bedden en een doos met wat kleren.
Verder is de kamer leeg.
Rolf kijkt verbaasd rond.
'Waarom tien sloten als je toch niets hebt?' vraagt
hij.
'Je weet maar nooit,' lacht Arthur.
'Wat een rare school,' zucht Rolf.
'Het went wel,' zegt Arthur.
Hij wijst naar het lege bed in zijn kamer.
'Neem jij dat bed maar,' zegt hij.

Maar Rolf is op zijn hoede.

Hij denkt aan wat het meisje achter de zuil zei.

'Waarom doe je dat voor mij?' vraagt Rolf.

Arthur gaat op zijn bed zitten en vertelt:

'Toen ik hier op school kwam, voelde ik me alleen.

Net als jij.

De school zit vol engerds die stelen als raven.

Dat hoort ook zo op deze school.

Iedereen is hier je vijand.

Vrienden bestaan niet.

Maar ik nam me voor om toch een vriend te
zoeken.'

'Waarom ik?' vraagt Rolf.

'Omdat je nieuw bent.

En je ziet er eerlijk uit.'

'Dank je,' zegt Rolf.

Maar hij vertrouwt het toch nog niet.

'Waarom wil je een vriend?' vraagt hij.

'Iedereen werkt hier voor zichzelf,' vertelt Arthur.

'Niemand helpt elkaar.

Ik denk dat dat heel dom is.

Samen sta je sterk.'

Rolf knikt.

Hij wil het er wel op wagen.

'Dan zijn we nu vrienden!' lacht hij.

Ze maken een vuist en drukken die tegen elkaar.

'Let wel op,' zegt Arthur.
'Je mag hier op school geen vrienden hebben.
Dat is tegen de regels.
Praat er dus met niemand over!'

Arthur leert Rolf de regels van Steelburg.
Nou ja, regels …
'Er zijn bijna geen regels hier,' zegt hij.
'Behalve één: je mag geen strafpunten halen.'
Rolf kijkt hem vragend aan.
Arthur legt het hem uit.
'Goede dieven moeten toeslaan zonder dat iemand
het merkt.
Wanneer iemand je betrapt, krijg je een strafpunt.
Wie een halfjaar geen punt haalt, is een goede dief.
Die mag naar huis.'
'Kun je hier niet stiekem naar buiten glippen?'
vraagt Rolf hoopvol.
Arthur schudt zijn hoofd.
'Niemand komt hier weg.
Als je het toch probeert en gepakt wordt, krijg je
tien jaar straf.
Dat is het echt niet waard.'
'Rare school,' zucht Rolf.

'Hoe laat begint de les?' vraagt hij.

Arthur lacht.

'De les is al bezig.'

Rolf kijkt hem vragend aan.

'De les begint zodra je hier binnen bent.

Of dacht je dat je hier in een klas zit?

Mooi niet.

Hier zijn geen meesters of juffen.

Hier zijn alleen dieven en verraders.

Je moet alles zelf leren.

Je steelt met je ogen en je oren.

Zo leer je hier het vak.

Pak wat je pakken kunt.

En zorg ervoor dat je niet betrapt wordt.

Zo leer je een goede dief te zijn.'

Wat een rotschool, denkt Rolf.

Maar hij kan niet naar huis.

Hij moet er maar het beste van zien te maken.

## De geheime vriend

Arthur en Rolf worden de beste maatjes.
Arthur leert Rolf alle hoekjes van de school
kennen.
Hij vertelt ook voor wie hij moet uitkijken.
Zo is er Fons, de beste dief van de school.
Er is Luce: ze steelt elk juweel van je lijf zonder dat
je het merkt.
Er is Karel: voor hem is geen enkel slot veilig.

'Wie is zij?' vraagt Rolf.
Hij wijst naar een meisje.
Het is het meisje dat hij bij de zuil zag.
'Ze zei mij dat ik niemand mag vertrouwen.'
'Dat is Gitte,' antwoordt Arthur.
'Ze is slim en heel snel, maar ze praat met niemand.
Ik weet niet wat ik van haar moet denken.'
Gitte ziet hen kijken en glipt weg, de gang in.
'Kijk toch maar uit voor haar,' zegt Arthur.
'De meisjes willen de jongens extra punten laten
halen.'
'Hoe doen ze dat dan?' vraagt Rolf.
'Door spullen te laten liggen.

Als je die dan steelt, betrappen ze je.
En dan krijg je een strafpunt.'
Rolf is blij dat hij een vriend heeft, die hem
wegwijs maakt.
Maar hun vriendschap moet wel geheim blijven.
Op deze school is een vriend verboden.
Het kost je veel punten.

Elke dag zoeken ze samen naar eten.
Er is op school genoeg voor iedereen.
De kok verstopt het steeds op een andere plek.
Wie als eerste die plek vindt, pakt zoveel als hij
kan.
Wat overblijft, is voor de rest.
Wie er niet op tijd bij is, heeft soms niks.
Arthur en Rolf hebben altijd genoeg te eten.
Dat komt omdat ze altijd de eersten zijn.
Arthur heeft een kaart van de kok ontdekt.
Daarop staan alle plekken waar hij het eten
verstopt.
Arthur was zo slim om de kaart uit zijn hoofd te
leren.
Als hij de kaart zou stelen, zou de kok nieuwe
plekjes zoeken.
Nu zitten ze allemaal in Arthurs hoofd.
Het is dus een makkie om het eten op te sporen.

Arthur en Rolf nemen alleen het eten mee, dat ze
zelf nodig hebben.
'Waarom meer willen dan je kunt opeten?'
vindt Arthur.
'En met je zakken vol eten, kun je betrapt worden.
Ik riskeer liever geen strafpunt.
Hoe sneller ik uit deze school weg kan, hoe beter.'


Op een avond gaat Rolf naar zijn kamer.
De deur staat op een kier.
Hij gluurt naar binnen en ziet Karel in Arthurs
doos graaien.
'Betrapt!' zegt Rolf.
Karel baalt, want dat kost hem een punt.
'Dit is toch Arthurs kamer?' klaagt Karel.
'Nou en?'
'Zijn jullie vrienden of zo?'
Rolf haalt zijn schouders op.
'Weet je hoeveel punten een vriend je kost?
Honderd!'
Rolf gelooft het niet.
'Ga weg,' zegt hij bits.
Karel stapt naar buiten, maar draait zich nog een
keer om.
'Arthur heeft mij dat ook gelapt,' sist hij.
Rolf begrijpt niet wat hij bedoelt.

'Hij noemde mij ook zijn vriend,' legt Karel uit.
'Maar dat is onzin.
Hij laat jou het vuile werk doen.
Zodra je een strafpunt krijgt, laat hij je in de steek.
Hij gebruikt je tot je niks meer voor hem betekent.
Je moet hem niet vertrouwen.'
'Je liegt,' sist Rolf boos.
Karel haalt zijn schouders op en gaat weg.

Rolf maakt zich toch wel zorgen.
Stel dat Karel gelijk heeft.
Stel dat Arthur geen echte vriend is.
Rolf kan wel huilen.
Maar wie huilt, krijgt een strafpunt.
Dus hij houdt zijn tranen binnen.
En wie zegt dat Karel de waarheid spreekt?
Karel liegt vast.
Arthur helpt Rolf toch heel goed?
Zonder Arthur zou hij vaak niets te eten hebben.
Maar Rolf besluit toch om Arthur in de gaten te
houden.

'Wat kijk je raar,' merkt Arthur op.
Rolf schrikt en voelt zich betrapt.
Hij zat Arthur aan te staren.
'Nee hoor,' zegt Rolf snel.

'Ik zat maar wat te dromen.'
Arthur geeuwt en rekt zich uit.
'Ik ben moe,' zegt hij.
'Ik ga me wassen en mijn tanden poetsen.'
Rolf besluit hem te volgen.
Hij sluipt stil achter hem aan.
Arthur loopt voorbij de badkamer.
Hij gaat zich dus niet wassen.
Hij liegt tegen me, denkt Rolf.
Arthur loopt een donkere gang in.
Hij klimt de trap op van een van de torens van het
kasteel.
Rolf volgt hem.
De trap kronkelt omhoog.
Hoe hoger hij komt, hoe donkerder het wordt.
Rolf ziet haast niets meer.
Plots is het stil.
Hij hoort geen stappen meer.
Rolf gaat heel stil nog een paar treden hoger.
Dan ziet hij Arthur voor een gat in de muur staan.
De maan schijnt naar binnen.
Wat doet Arthur daar?
Hij heeft een duif in zijn hand.
Hij maakt iets vast aan de poot van de duif.
Dan vliegt de duif weg.
Stuurt Arthur geheime post?

Naar wie of wat?

Plots merkt Rolf dat Arthur weer naar beneden komt.

Hij haast zich de trap af.

Maar dan gaat het fout …

Rolf mist een tree en zijn enkel klapt om.

'Au,' kreunt hij en beseft dat dat niet slim is.

Arthur heeft het vast gehoord.

'Is daar iemand?' hoort hij Arthur al vragen.

Rolf haast zich de trap af.

Maar Arthur zet er ook vaart achter en holt naar beneden.

Rolfs enkel doet pijn.

Hij kan er niet zo goed op lopen.

Arthur haalt hem snel in.

'Rolf?' vraagt hij verbaasd.

Zijn ogen schieten plots vuur.

'Je bent mij gevolgd,' zegt hij boos.

Rolf slaat zijn ogen neer.

'Waarom?

Vertrouw je me soms niet?'

Rolf haalt zijn schouders op.

'Ik zou je graag een flinke mep geven, maar dat doe ik niet.'

'Waarom niet?' vraagt Rolf.

'Omdat er op vechten een strafpunt staat.'

Rolf grinnikt, maar Arthur kijkt hem streng aan.
'Heb je gezien wat ik gedaan heb?' vraagt hij.
Rolf knikt.
'Dan hoop ik echt dat ik je kan vertrouwen.
Dat je het aan niemand vertelt.'
'Aan wie zou ik het moeten vertellen?' vraagt Rolf.
'Jij bent mijn enige vriend.'
Het blijft even stil.
'Hoe gaat het met je enkel?' vraagt Arthur dan.
'Die doet nog wel pijn,' zegt Rolf.
'Ik weet waar de kist met verband verstopt is,' zegt
Arthur.
'Ik zal wat verband voor je stelen.'
'Dank je wel,' lacht Rolf.
Hij vertrouwt Arthur.
Hij weet dat Arthur een echte vriend is.

De twee jongens gaan terug naar hun kamer.
Er is toch nog iets wat Rolf wil weten.
'Naar wie stuur jij post?' vraagt hij.
Arthur schudt zijn hoofd.
'Dat kan ik je niet zeggen.
Nog niet, later misschien wel.
Het spijt me.'
Rolf vraagt niet verder.
Arthur zal daarvoor wel zijn reden hebben.

34

Arthur heeft dus ook een geheim.
Dat vindt Rolf wel een fijn idee.

Ze kruipen allebei in bed.
'Op het sturen van post staat een strafpunt,'
zegt Arthur.
'Ik hoop dus echt dat je kunt zwijgen.'
Rolf knikt en geeuwt.
Hij is heel erg moe.
'Slaap lekker,' zegt Arthur.
'Slaap lekker,' zegt Rolf.
Het duurt nog een hele poos voordat Rolf slaapt.
Hij ligt te draaien en te woelen in bed.
Hij mist zijn papa en mama.
Hij mist zijn oude school en zijn vrienden.
Hij wil geen dief worden.
Hij droomt ervan om een geheim agent te worden.
Maar die droom kan hij met niemand delen.
Zelfs niet met Arthur, nog niet.
Het is zijn geheim …

## De schat van Burk

De volgende morgen schijnt de zon door het raam naar binnen.
Rolf heeft lekker geslapen.
Arthur is al ontbijt gaan halen.
Hij heeft het mee naar de kamer gebracht.
Een grote homp brood en kaas.
Ze smullen tot er geen kruimel meer over is.
'Ik heb me al dagen niet gewassen,' klaagt Rolf.
'Ik zou graag in bad gaan.'
Dat vindt Arthur een goed plan.
'Maar dan moeten we eerst zeep stelen,' zegt hij.

Ze gaan samen op rooftocht.
Eerst naar de badkamer van de jongens, maar daar is niemand.
'Hier valt geen zeep te stelen,' zegt Arthur.
Dan gaan ze naar de badkamer van de meisjes.
Daar ligt een stuk zeep op een wastafel.
'Zullen we?' vraagt Arthur.
Rolf schudt het hoofd.
'Volgens mij is het een valstrik,' fluistert hij.
'Niemand laat zomaar een stuk zeep achter.

Je weet dat het dan meteen gepakt wordt.'
'Slim van je,' knikt Arthur.
'Je begint de school al goed te kennen.'
'Ik heb een plan om de zeep te stelen,' zegt Rolf.

Rolf glipt stiekem een kamer van een meisje in.
Arthur houdt de wacht op de gang.
Even later komt Rolf naar buiten in een jurk.
Hij draagt ook een haarband om zijn hoofd.
Arthur proest het uit.
Rolf ziet er net uit als een meisje.
'Ga je naar een verkleedfeest?' lacht Arthur.
'Nee, ik ga zeep stelen,' zegt Rolf.

Hij stapt heel brutaal de badkamer van de meisjes
binnen.
Het stuk zeep ligt er nog.
Er staat een meisje tegen de muur geleund.
Ze kijkt verbaasd naar Rolf.
'Hallo,' zegt Rolf met een hoge stem.
'Ik ben Fien.
Ik ben nieuw op school.'
Terwijl hij praat, laat hij het stuk zeep stiekem in
zijn mouw glippen.
Het meisje kijkt hem aan alsof hij gek is.
'Nou, doeg,' zegt Rolf en hij haast zich naar buiten.

Dan ziet het meisje pas dat de zeep weg is.
Meteen begrijpt ze wat er gebeurd is.
'Wacht eens even,' krijst ze luid.
Ze rent de gang op.
Maar Rolf en Arthur zijn allang weg.

Ze liggen dubbel van het lachen.
'Jij bent een goede dief,' schatert Arthur.
'En ik weet al waar je het beste in wordt:
vermommen.'
Opeens komt de enge man met de snor uit een
kamer.
Hij kijkt boos naar de twee jongens.
Arthur houdt meteen op met lachen.
Rolf herkent de man.
'U hebt mijn tas gejat toen ik op school aankwam,'
roept hij boos.
'Geef mij mijn tas terug!'
Arthur zegt geen woord.
Hij staat te trillen van angst.
De man komt op Rolf af.
'Aha, jij bent de nieuwe,' grijnst hij vals.
'Wat ben jij voor rare snuiter?
Wat heb jij rare kleren aan.'
'Ik moet wel,' roept Rolf boos.
'Jij hebt al mijn kleren gejat.

Ze zitten in mijn tas!'
De man met de snor schiet in de lach.
'Jij hebt wel lef, jongen,' lacht hij.
Dan knijpt hij zijn ogen tot spleetjes en sist boos:
'Waag het niet me nog eens voor de voeten te
lopen.
Anders vlieg je een maand de cel in.'
Dan draait hij zich om.
Hij stapt een kamer binnen en slaat de deur met
een knal dicht.
Arthur zucht opgelucht.

Later vertelt Arthur aan Rolf dat hij geboft heeft.
'Die man heet Burk.
Nou ja, niemand kent zijn echte naam.
Hij is de baas van de school.
Je mag niet tegen hem praten.
Hij beslist hier over alles.
En kijk uit: hij waarschuwt geen tweede maal.
Volgende keer ga je meteen de cel in.
Je krijgt er geen eten of drinken.
Dat red je alleen als je ratten en spinnen eet.'
Rolf kan het niet geloven.
'Waarom doet die man zo?'
Arthur kijkt angstig rond.
Hij is bang dat iemand hen hoort.

'Ze zeggen dat hij een schat heeft,' fluistert Arthur.

'Alles wat hij ooit gestolen heeft, bewaart hij in zijn kantoor.

Goud, sieraden, geld, van alles.

Ze zeggen dat het een enorme schat is.

Maar hij bewaakt zijn kamer heel goed.

Niemand is er ooit binnen geweest.'

'Dan moeten wij die schat stelen,' zegt Rolf.

'Je bent gek,' zegt Arthur bang.

'Straks ga je de cel in!'

'Die man heeft mijn tas,' zegt Rolf.

'Ik wil mijn tas terug!'

Arthur schudt zijn hoofd en kijkt bang.

'Zijn kamer is net een fort.

Burk vermoordt je als hij je ontdekt.'

Rolf haalt zijn schouders op.

'Is dit een school voor dieven of niet?

Dan moet de baas toch trots zijn als een kind hem besteelt.

Dat kind is dan de slimste dief van de school.'

Arthur schudt zijn hoofd.

'Kom op, joh!' zegt Rolf.

'Het is toch spannend en leuk.

Waarom wil je anders dief worden?'

Arthur zucht.

'Ik doe niet mee,' zegt hij.

Daarmee is voor hem de kous af.
Maar Rolf weet wat hem te doen staat:
Burk beroven.

## School op stelten

De dagen daarop zorgt Rolf dat hij niet opvalt.
Hij leert hoe hij zich op school moet redden.
Hij steelt zonder betrapt te worden.
En zoals Arthur al dacht, wordt Rolf een meester in
vermommen.
Hij kan zich als geen ander verkleden.
De ene keer als man met baard, dan weer als
werkster.
Zelfs Arthur trapt er soms nog in.
Rolf kent al gauw alle kneepjes van het dievenvak.
En hij houdt de kamer van Burk in de gaten.
Hij heeft een goed plan.

'Elke dag tussen vier en vijf verlaat Burk zijn kamer.
Dat is het moment om toe te slaan.'
Arthur vindt het idee maar niets.
'Zet de schat van Burk uit je hoofd, man.
Niemand komt ooit zijn kamer in.'
Rolf weet dat dat klopt.
Maar hij wil niet opgeven.
Hij besluit Burk te volgen.
Hij trekt een zwart pak aan en zet een masker op.

Hij gaat in een donkere hoek staan.

'Als ik in een donkere hoek sta …' zegt Rolf.

'… zie ik je niet meer,' zegt Arthur verbaasd.

Hij kan het bijna niet geloven, maar het is echt waar.

'Hiermee kan ik Burk goed volgen,' zegt Rolf.

Arthur wenst hem veel succes.

'Zorg dat Burk je niet ziet!'


Burk verlaat om vier uur zijn kamer.

Stil sluipt Rolf achter hem aan.

Van donker hoekje naar donker hoekje.

Er zijn in het kasteel veel hoeken, daar boft Rolf mee.

Hij slaagt erin Burk tot in de kelder te volgen.

Maar opeens is Burk weg.

Rolf ziet hem niet meer.

Hoe kan dat nou?

De gang waarin Burk verdween, loopt dood.

Er is geen deur, geen trap, niets.

Rolf tast met zijn handen de muur af.

En dan … beweegt de muur.

Rolf staat verbaasd naar de muur te staren.

Het is een geheime doorgang.

Die leidt naar een geheime gang …

Rolf wacht tot Burk naar buiten komt.

Dan gaat hij Arthur en een zaklamp halen.
Arthur is bang, maar hij gaat toch mee.
Rolf laat hem de geheime gang zien.
De twee jongens gaan de gang in.
De muur sluit zich achter hen.
Er is geen weg meer terug.
'Er zal vast wel ergens een uitgang zijn,' fluistert
Rolf.
'Ik hoop het,' zegt Arthur.

Er komt geen eind aan de smalle gang.
Er zitten veel bochten in.
De tocht lijkt uren te duren.
Plots splitst de gang zich in twee gangen.
Welke kant moeten ze nu op?
'Links?' vraagt Rolf.
Arthur weet het ook niet.
Ze kiezen voor links en moeten een trap op.
Ook aan de trap lijkt geen eind te komen.
Dan houdt de trap op bij een muur.
Ze kunnen niet verder.
'Vreemd …' zegt Arthur.
Hij leunt tegen de muur en …
De muur beweegt.
Wéér een geheime doorgang.
De twee jongens komen in een kamer.

Ze weten niet wat ze zien.

Tot aan het plafond staan dozen en nog eens dozen.

Op elke doos staat een naam.

'Hé, hier staat mijn naam op,' zegt Arthur.

Hij doet de doos open en ziet allemaal spullen die hij kwijt was.

Rolf ziet ook een doos met zijn naam.

'Mijn tas!

Mijn tas zit in deze doos!' roept hij blij.

Ze kijken elkaar lachend aan.

'Dit is dus de schat van Burk.

Geen goud of sieraden, maar gewoon alles wat hij van ons steelt.

Wat een sukkel!'

Ze schieten in de lach.

Arthur pakt zijn doos.

'Kom, laten we snel gaan, voor Burk ons ontdekt.'

'Wacht,' zegt Rolf.

'Waarom geven we niet iedereen zijn doos terug?'

Arthur kijkt zijn vriend verbaasd aan.

'Maar dat is tegen de regels,' zegt hij.

'Een dief geeft niets terug, hij houdt alles zelf.'

'Gewoon voor de lol,' zegt Rolf.

'Om Burk te pesten.

Stel je eens voor dat hij merkt dat zijn kamer leeg is.

En dat iedereen zijn spullen terug heeft.
Zou jij zijn gezicht dan niet willen zien?'
Arthur lacht.

Die nacht keren Rolf en Arthur terug naar de
kamer van Burk.
Ze gaan weer door de geheime gang.
Een voor een stelen ze de dozen uit Burks kamer.
Ze zetten alle dozen voor de juiste kamer neer.
Wat een klus, het duurt uren.
Doodmoe vallen de twee jongens daarna in slaap.

Rolf schrikt als eerste wakker van het lawaai op de
gang.
Hij schudt Arthur wakker.
Vanuit de gang klinkt geroep.
Ze doen hun deur open en zien dat iedereen staat
te juichen.
'Hoera! We hebben alles terug!'
Het lijkt alsof er een wild feest is.
Iedereen is door het dolle heen, blij dat alles terecht
is.
Rolf knipoogt naar Arthur.
Dat hebben ze mooi gedaan.
Maar plots klinkt er een luid gebrul:
'Iedereen naar de strafzaal!

Nú!'
Het is Burk.
Hij is woedend.

Ze moeten naar de strafzaal.
Rolf weet wat dat betekent: straf!
'Dit is een schande voor onze school,' roept Burk
boos.
'Dieven die hun gestolen spul teruggeven, krijgen
de zwaarste straf.
Het zijn geen echte dieven.
Het zijn watjes, eerlijke mensen.
Bah!
Wie heeft het gedaan?'
Het is muisstil in de zaal.
Maar dan moeten Rolf en Arthur geeuwen.
Ze kunnen er niets aan doen.
Ze geeuwen lang en luid.
Burk heeft het gezien.
Hij knijpt zijn ogen tot spleetjes.
'Die twee sukkels daar?
Zijn jullie moe?
Soms een korte nacht gehad?
Te druk geweest met het verdelen van de buit?
JULLIE HEBBEN HET GEDAAN!'
Rolf en Arthur zijn er gloeiend bij.

## Geheim agent

Burk stopt hen in de cel.
'Voor mijn part verrot je hier maar!' roept hij.
Hij gooit de deur met een knal dicht.
De twee jongens blijven achter in een vuil, koud en
nat hok.
Rolf rukt aan de deur, maar die zit muurvast.
'Vergeet het,' zucht Arthur.
'We komen hier nooit meer weg.
Dit is ons einde.'
Rolf schudt zijn hoofd.
'Geef je zo snel de moed op?' vraagt hij boos.
'En dat voor een geheim agent!'
Arthur schrikt.
Hij kijkt Rolf met grote, bange ogen aan.
'Hoe … hoe weet jij dat?' vraagt hij.

Rolf vertelt dat hij een brief voor Arthur heeft
gelezen.
'Je duif vloog het raam van onze kamer binnen.
Ik heb de brief stiekem gelezen.
Het was een brief van je vader.
Hij is een geheim agent …'

Arthur staart naar de grond en zucht.

'Dat is inderdaad mijn geheim,' zegt hij.

'Ik was van plan om het je ooit te zeggen, echt,
maar …'

Rolf onderbreekt hem.

'Maak je geen zorgen.

Ik vind het leuk, echt.

Ik haat het om een dief te zijn.

Ik droom er ook van om later een geheim agent te
worden.'

'Meen … meen je dat?' vraagt Arthur.

Rolf knikt.

'Maar ik snap niet wat jij als geheim agent op deze
school doet.'

'Ik leer hier alle kneepjes van het dievenvak.

Zo ben ik later als agent de dieven te snel af.

Ik zal altijd weten wat ze in hun schild voeren.

Want ik ben er zelf ook één geweest.'

'Wat slim,' zegt Rolf.

'Maar we zitten hier nu wel mooi vast.

We kunnen nergens heen.'

De twee jongens zuchten.

'Pst!' horen ze plots.

Ze zien niemand.

Hebben ze dat wel goed gehoord?

'Pst!'

Het luikje in de deur gaat open.

Ze zien het gezicht van Gitte.

Ze heeft een grote grijns op haar gezicht.

De twee jongens kijken haar verbaasd aan.

'Wat … wat doe jij hier?' vraagt Rolf.

Gitte laat hen een bos sleutels zien.

'Geheim agent Gitte, tot jullie dienst!'

Ze doet lachend de deur open en bevrijdt Rolf en
Arthur.

'Jij ook al?' lacht Rolf.

Gitte knikt.

'Sst!' zegt ze.

'De muren hebben hier oren.'

Via een geheime gang loodst ze de twee jongens het
kasteel uit.

Het is donker buiten.

Rolf en Arthur halen opgelucht adem.

De frisse lucht voelt lekker.

'Vrijheid,' lacht Rolf.

'Jullie moeten hier weg,' zegt Gitte.

'Vlucht!

Als Burk jullie pakt, zal hij jullie niet sparen.'

'En jij dan?' vraagt Rolf.

'Ik ga terug, want ik wil hier nog een poos blijven.
Om te leren.

Ik wil alle dieven van de toekomst leren kennen.
Dan is het later een makkie om ze te pakken.'
De twee jongens nemen afscheid van Gitte.
Ze vluchten weg door de heuvels.
'Bij het eerste dorp bel ik mijn vader.
Die komt ons meteen halen,' zegt Arthur.

'Ik wil zo graag een geheim agent worden,' zucht
Rolf.
'Wat houdt je dan tegen?' vraagt Arthur.
'Mijn vader is een dief.
Verraad ik hem dan niet?'
'Je moet doen wat je zelf wilt,' zegt Arthur.
'Je ouders houden toch van je?
Ze zullen het wel begrijpen.'
'Weet je wat?' roept Rolf uit.
'Het dievenvak kan me gestolen worden.
Ik word geheim agent!'
En daarmee is voor Rolf de kous af.

'De toekomst ziet er slecht uit voor dieven.
Als wij geheim agent zijn, pakken we ze allemaal,'
lacht Arthur.
De twee maken een vuist en drukken die tegen
elkaar.
'Voor altijd vrienden!' roepen ze.

Ze rennen lachend door de heuvels.
Steeds verder en verder weg van de dievenschool.

*Vivian den Hollander*
**De geheime club**

Daan heeft een hut. Op een eilandje in het meer.
Hij vaart erheen met Sanne en Floor.
Samen beginnen ze een geheime club waar niemand
anders bij mag.
Zeker Rob en Tibor niet!

*Met tekeningen van Saskia Halfmouw*

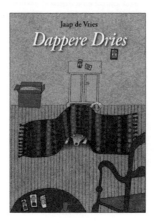

*Jaap de Vries*
**Dappere Dries**

Martje wil graag een hondje.
In het asiel zitten alleen heel enge en grote.
'Er was er nog eentje,' zegt de meneer van het asiel.
'Een heel mooie met prachtige stippen.
Hij werd gebracht omdat hij te verlegen was …
Ik weet niet waar hij gebleven is.'
'Die hond had me wel leuk geleken,' zegt Martje.
In haar eentje fietst ze weer naar huis.
Die nacht wordt Martje wakker.
Er kriebelt iets harigs aan haar been …

*Ben Kuipers*
**Wat als ...**

Ton loopt door de Tulpstraat naar huis.
Heel gewoon.
Er gebeurt niets.
Maar wat als hij door de Roosstraat was gegaan?
Ja, dan ...

En Ton strikt zijn schoenveter.
Dan loopt hij weer door.
Heel gewoon.
Er gebeurt niets.
Maar wat als hij de veter niet had gestrikt?
Ja, dan ...

*Met tekeningen van Yvonne Jagtenberg*

*Selma Noort*
**Ik vertel het niet!**

Josje heeft een geheim.
Ze is op Wisse.
Dat gaat niemand iets aan.
Maar dan vraagt mama ernaar.
En papa en opa en haar broer Tim.
Oei, een geheim valt niet mee.
Vertelt Josje het nu toch?

*Met tekeningen van Jan Jutte*